MELANCOLÍA

MELANCOLÍA
Pilar Remartínez Cereceda

Este libro no podrá ser reproducido ni total ni parcialmente sin el previo permiso escrito del editor.

Copyright © Pilar Remartínez , 2010

Portada diseñada por Pilar Remartínez
Maquetación: Pilar Remartínez
http://www.pilar-remartinez.com/

L&R Editores
www.landreditores.com
Madrid (España)-Miami (Estados Unidos)

ISBN: 978-0-9827009-0-7

Library of Congress Control Number: 2010927195

"Mientras el mundo sean tus ojos, todos los senderos me llevan a ti"
A mi marido Manuel, quien me inspira y apoya en todo momento.

Aquí todos venimos aprender y nadie se va sin haber hecho lo que estaba predestinado, todos tenemos unas tareas y un trabajo que realizar, eso sí, hay muchos que no aprenden nunca.
Pilar Remartínez Cereceda

PROLOGO

La palabra escrita genera actividades enriquecedoras para el espíritu humano. El noble acto de la producción literaria se enaltece y complementa con el no menos generoso oficio de la lectura, ejercicios ambos que a lo largo de la existencia terrena han acompañado a sus pobladores.

El lenguaje directo, tan difícil de adquirir y emplear, describe cotidianidades, pasiones y ausencias de una manera certera, sin indagaciones o rebuscamientos caprichosos.

La vida pasa, día a día, con una sencillez deslumbrante por su pureza, y fina por su paciencia. Pero también, ¿por qué no decirlo? Con aflicciones o nostalgias que muy bien pudieran enmarcarse en un solo concepto, el de la melancolía.

La prolífica escritora española Pilar Remartínez Cereceda nos deleita en esta ocasión con este hermoso compendio en el que la poesía, una de sus fieles amigas, se hace acompañar de la elegancia de la prosa poética para brindarnos una obra completa, en donde nos va guiando por esos caminos de suspiros, de pedacitos de noche o de amores y deseos, concebidos como un todo necesario, al mismo tiempo que nos permite con habilidad deshojar el texto literario, con el objeto de brindar esa compañía inherente al probable entristecimiento, producido por nostalgias otoñales o decisiones oníricas y trascendentes.

"Los poemas más hermosos carecen de rima" nos dice la autora, "carecen de lógica" continúa y reelabora con un planteamiento contundente: "los sueños son poemas sin letra, caricias, contactos, ternura, besos y caricias...".

Líneas tomadas al azar que nos alimentan la presencia poética, "hoy me acerco a tu alma en el espejo de tus ojos", ya que "he decidido mirarte" noche y día, eternamente.

O si no, "cuando los amantes se aman, la noche se viste de magia", es decir, se arropan de maravillas y de placeres.

La literatura en lengua española está de plácemes con esta nueva obra de Pilar Remartínez Cereceda, en la que muestra a sus lectores la satisfacción de una madurez alcanzada, tanto en el campo de las letras como en el de índole familiar, en donde su única pretensión es escribir el verdadero y único relato que podría salir de su pluma: "su" historia de amor.

Con el lenguaje llano y fiel que se le caracteriza, nos transmite sentimientos y fantasías ubicados en el origen mismo de la metáfora y la no indiferencia.

Por último, es importante destacar que su entrega a la literatura es como una forma de vida, ya que no concibe ésta sin aquella.

Cada día surgen nuevas voces y enfoques que provienen de los recuerdos, los que "sin darnos cuenta" dice, "salen despacito, acompañados de nuestra melancolía".

Ignacio González Tejeda
México, D.F.
11 de abril de 2010

MELANCOLÍA

Amanece, la lluvia cae lentamente, hace frío, detrás de los cristales veo pasar la gente, el vaho se acumula en ellos, como el deseo de mi corazón, melancólico, inmóvil, con la mirada perdida el pensamiento volando por los mundos perdidos de la vida pasada, por aquellos parajes lejanos.
Estos días de invierno, añoro esa parte oculta que tenemos todas las personas y que tanto nos cuesta aceptarla.
Cuántas veces nos hemos encontrado detrás de los cristales mojados por la lluvia, con una sensación extraña soledad, cuántas veces hemos añorado esos momentos felices.
Cuántas veces hemos querido dar marcha atrás en el tiempo y como las gotas de lluvia descendido por los rincones de nuestro corazón, nos han dejado arrinconados con miedo a salir, a dar el paso que seguramente nos haría un poco más felices, recordamos a las personas que ya no se encuentran con nosotros, cuanto más agradable es el recuerdo, más tristes nos ponemos.
La lluvia es melancolía, es como el amor, como las gotas de lluvia cayendo, quizás lleguen dónde está esa persona que añoramos y amamos y nos trae tantos recuerdos, quizás detrás de unos cristales se encuentre ahora mismo con la misma sensación de tristeza, cae la lluvia, las lágrimas se hielan en el recuerdo e intentan engullirse por dentro de nuestra alma, todo está mojado, la lluvia cae, gotas indiferentes al caer aquí y allá, dibujan aritos que se van desplazando descuidadamente.
El paisaje mojado da lugar al espectáculo de los arboles llorando, las hojas solitarias que lentamente caen y se dejan arrastrar por la
corriente que surca, desplazando como se desplaza la vida por el tronco, desgastado por la humedad, el gris pesado de color de nubes ahumadas, silencio, más abajo en la tierra cantan las fuentes y hacen vivir los riachuelos.
La lluvia es melancolía, es el aullido del espíritu cuando no podemos estar junto a la persona amada, cuando no es posible poner el susurro de nuestros labios cerca del oído, es el rumor tristón y cuando nos sentimos de esta forma, la lluvia es nuestra única compañera, callada,
tolerante y reconocida amiga de nuestra soledad.

Pero que bello y completo es estar contemplando la lluvia con la persona amada entre los brazos, con su cara ligeramente apoyada sobre nuestro pecho, sentir su cuerpo cerquita, acariciando

cada palmo de nuestra piel, sentir, la caricia leve de sus labios, esa sensación extrema de paz, de seguridad, de ganas de compartir aquella felicidad sencilla y clara.

En esos momentos, la lluvia disuelve el amor de las personas dentro de las gotas, y las va

trasladando a lo perpetuo, dónde el tiempo se hace eterno, dónde no hay sitio para la congoja, pero existe un lugar, dónde guardamos esos momentos para cuando estamos tristes y la

lluvia caiga y se derrita detrás de los cristales y podamos abrir la ventana, alargar la mano y tomar esas gotas de lluvia tan llenas de amor,

para poder apagar el fuego de nuestra melancolía.

Ese lugar son nuestros recuerdos, que sin darnos cuenta salen despacito, acompañados de nuestra melancolía

SOLO FUE UN SUSPIRO

La tenue mañana me dio un suspiro, desperté sin abrir los ojos aún entre las rendijas de la ventana de mi corazón sentí una pequeña brisa en mi rostro.

Quise quedarme así, quieta y sin mover un músculo, por un instante pude disfrutar un momento de la tranquilidad, no tengo ganas de moverme, quisiera permanecer acompañada por diminutas gotas de agua.
Abrí los ojos para descubrir que estaba sola en mi cuarto, el cielo se presentaba ante mí, con nubes que anunciaban lluvia, la ventana entreabierta, respiré profundamente.

El tiempo pasa, me vuelvo a quedar dormida, de pronto, siento un roce suave, un cálido beso me anuncia tu llegada.

Abro mis ojos y veo tu rostro, veo al hombre de mis días intensos y hermosos ahí a mi lado, me siento feliz

La mañana se presentaba grande para mí, estaba plena de belleza el cielo grisáceo predecía lluvia, pero el sol en mi interior brillaba, solo mí ser lo veía.

Pleno de nubes paseantes, que anunciaban su desfile de lindas figuras, el viento golpeaba mi cuerpo que entraba por mi ventana de pronto, unos labios se posaron en mi rostro con suavidad, buenos días cariño me dijiste.
Mire nuevamente al cielo, gotas heladas que se hacían cálidas en mi piel, aire puro de un lindo amanecer, enamorada de la lluvia, enamorada de mi amor, mi único amor.
Y de pronto...

CUÉNTAME

Cuéntame si sueñas por las noches, navegando entre dulces palabras, de esperanzas e ilusiones, mientras ves cómo la risa fresca, juega con las rocas expresando, un canto sin lamentos.

Cuéntame si sueñas con bosques eternos de tiernas miradas y pétalos de azucenas, flores siempre vivas y llenas de coloridos, mientras ves danzar las hojas y juegas con el murmullo del viento, todas al compás de un mismo sueño.

Cuéntame si sueñas con mares rojos carmesí, donde sacias la sed y refrescas el alma, alumbrados con los tímidos rayos de la luna y sueñas con hadas, ataviadas con alas de mariposas, sedas multicolores, envueltas en su mundo fantástico dorado, tal vez en tus noches sueñes con días mejores y con brillantes cielos de colores.

Cierra los ojos y déjate llevar por mis labios, fresca fuente, donde sacias tú sed y donde el murmullo de tus pensamientos, no deje de soñar.

A TAN GRANDE E ILUSTRE POETA...
MIGUEL HERNÁNDEZ

Miguel Hernández, cabrero
de una gran generación,
yo le escribo con esmero
lo que siente el corazón.

Lo que sueño, lo que oigo
lo que otros han vivido.
El centenario es testigo.
a aplaudirlo he venido.

La noche se viste de gala,
quiero que sepan, os digo,
pasiones y hechos regala,
venimos a recoger tu testigo.

Tan solo soy una dama
de la vida enamorada.
Palabras, alegres clama,
voz profunda consagrada.

Muchos halagos te damos
por tus versos bien sentidos,
es por eso que hoy andamos,
conducida de amigos queridos.

A TI POESÍA

Embriagadora, hechicera, tarde que acaricia el corazón.

Eres un gran bálsamo para mi alma,
gran aliada de mi cansado corazón,
el bálsamo que me llena de calma,
conjunto de letras de mucha pasión

Cómplice fiel, andamos por el mundo,
la mejor forma de poder expresarme
encuentro en ti, sentimiento profundo
algo mágico a lo que puedo aferrarme.

Rincón del caminante, encuentro la vida,
muy cerca de mí siempre conmigo estas,
musa de mi vida cuando estoy dolorida,
cuando estoy feliz grandes ideas me das.

Llegaste sin pudor, eres muy importante,
existes, mi carácter, mi modo, mi sentir,
vigila mis sentimientos, sigue constante,
anuncias al mundo la ilusión mi presentir.

Amiga y aliada fiel y eterna compañera,
luz que brilla en mi cielo y en mi interior,
respuesta que siempre me dice sincera,
encuentra salida para sentirme superior.

A ti mi querida amiga, sin dudarlo acudo,
en ti con confianza, ahí me puedo refugiar,
consuelo, desprendes de mi cualquier nudo,
podemos describir sentimientos y contagia

LEVÁNTATE, ABRÁZAME

Levántate, abrázame despacito cariño,
toma posesión de mi cuerpo y de mi alma.
es un placer, poder poco a poco amarte.
sin vacilar un momento, toma hoy la iniciativa.

Deslízate sobre mi cuerpo sin desprecio
hoy serás tú quien todo lo decida,
veo en tu rostro un gesto de embeleso
al ajustar tu mano lentamente en mi cintura.

Seré el juguete, y tú serás quien juegue,
al juego del amor, tu mano sensual y decisiva
traduce de inevitable, espléndida agonía.
al contemplar tu apetito, juguetona.

De repente me asaltan intenciones
que sacuden la fibra del sentido,
y que enlazan en las incitaciones
que el brillo de tus ojos me ha tendido.

Te arranco de la camisa los botones.
mi instinto felino está al acecho,
tendrás autoridad indefinida
todo, mi voluntad te lo consiento.

Acaríciame la espalda suavemente,
no encontrarás nada que te niegue.
siento un impulso desencadenado,
tu contacto me excita me impacienta.

UNA ALEGRE MELODÍA NACE DULCEMENTE

Una alegre melodía nace dulcemente,
poco a poco, las notas se van formando
al compás de un vals ,danzan ,bailando,
dos amantes se abrazan tiernamente.

Recuerda esa noche el lago de los cisnes,
alegres acordes, brotan , saltan, no paran,
te seduce el alma, alimentos que acaparan
su melodía envuelve y alegra los corazones.

El ángel de la música te ha venido a visitar,
para que juntos bailemos en nuestros sueños,
en nuestra mente dejamos envolver y disfrutar.

Melodía, suave armonía de color que cortejan
mil mariposas, en dos corazones que se funden,
momentos de felicidad y con un adiós se alejan.

UN PEDACITO DE NOCHE

Un pedacito de noche, baña mis versos
la lluvia de verano moja mis labios.
Labios sedientos, de ardiente pasión,
quiero beber del jarro de tu cuerpo,
esculpido y formado con todo el placer,
recorrer con mis manos tu cuerpo.

Con tu cuerpo sueño, no te inquietes,
no vaciles, nervioso me miras con placer.
Tus ojos son un par de esmeraldas,
donde sacian mis besos cubierto de roció,
en el que la vida se llena de más vida.

Tu corazón cáliz de vino, coronado, duerme
mis sueños, juntas muchas emociones.
Es aquí donde la luna con tus labios,
recorre despacito tu cintura tras de ti
en el adorno, de volcanes de pasión.

Tus dedos son como cristales de cuarzo pulido
son los que robaron cada parte de mi alma.
tu hermosa figura el cielo forma, indeciso de amor
manantial de pasiones, movimiento del viento,
han vuelto tus pasos entre mi aliento
las románticas noches debajo la luna llena.

TU CUERPO DIVINO SENTÍA

Tu cuerpo divino sentía
un gran deseo de amar,
de tus besos, yo bebía,
me comenzaste a llamar.

Trazos, cuerpos guiados,
en la sala del amanecer,
en el desván, agotados,
observo tu cuerpo nacer

Dos cuerpos desesperados,
no necesitan de sábanas,
solo los dos, abrazados,
cómplices, crecen las ganas

Los gemidos delataban
una balada, a tu medida
se aceleraba, coreaban,
tu sangre muy encendida

Los gemidos que nacían,
de dos cuerpos alterados,
trastornados, seducían,
con ciclones atrapados

Amor, pasión en cada beso,
letras, un eclipse de deseos.
Ternura, de miradas apreso,
mi razón se pierde en paseos

Dos cuerpos encendidos
abrasan voraces los besos,
tú más yo, en uno fundidos,
inicio de los mejores versos

SER ESCRITOR

Ser escritor es transformar palabras,
poner bellas melodías en pensamientos
encendiendo si se apagan las estrellas.

Ser escritor es cantarle a la luna llena,
saber que el sol está, siempre existió,
encontrar la luz que tanto buscabas

Ser escritor es enterrar tristes pasados
y avanzar con fe hacia un nuevo futuro,
con pasos serenos y corazones inquietos.

Ser escritor es hacer desaparecer los dolores,
con ayuda de una mano cariñosa, enamorada
desenterrar los perdones para olvidar odios.

Ser escritor es encender una luz de amistad,
andar por nuevas, anchas y bellas veredas,
donde se sabe que el amor es el triunfador.

ES INVIERNO

Es invierno, un soplo para amar,
escribir pasiones una tarde fría,
un verso, un reglón, poder jugar,
miro tu cuerpo loco, no te dejaría.

Es invierno, tú y yo, lo mejor,
respirar el aire que huele a ti,
mirarte sin resistir, sin pudor,
tenerte cerquita y dentro de mí.

Es invierno, el viento delicioso,
nubes traviesas incitan pasiones,
invierno para seducirte, hermoso
sentimiento y buscar mil razones.

Es invierno, jugar a escondernos,
huir de la rutina y confesar todo,
el mejor momento para querernos,
amarnos y cazarte del mejor modo.

Es invierno, callada te sigo cautiva,
miro tu boca, busco tus emociones,
sueños, caricias, te entrego emotiva,
siempre seré refugio de sensaciones.

Callada y traviesa
Callada, como una niña dormida,
puedo estimular solo con un ruido,
cuando menos esperas, atrevida ,
caliente, traviesa , te beso fornido .

Te veo y te lo digo, entre gemidos
te ríes, grito lentamente, atrevida
voy tomando posesiones. atraídos
te nombre en fantasías. Divertida.

Deseo estar a tu lado, vale la pena,
a un paso no me doy por vencida,

una vida entera se me hizo eterna,
desde aquel momento fui seducida

Eres mi único motivo, eres mi vida,
te busco, no importa cuánto tiempo.
Yo, amor, yo no me doy por vencida.

Señal del destino, no me canso bastante,
mi corazón como un ciclón impacientado,
te amo, te quiero y deseo en todo instante.

DOS COPAS DE VINO

En la mesa del salón las velas encendidas ardían lentamente, el mejor vino sobre la mesa, dos copas aguardando el comienzo de nuestra loca aventura, la hoguera de mis deseos se prende impaciente esperándote, mis ojos ansiosos, esperan que entres por la puerta.
Sentada en un taburete enfrente de la puerta te espero, tu corbata preferida, cubre mi piel, mis manos ansiosas por tocarte, el palpitar de mi corazón lo confirma, aguardando impaciente tus besos, el eco de tus pasos, anuncian tu llegada, ¡Ahí estas!.

Me levanto provocadora, en un solo movimiento, estas a mi lado, no sabes que te espera, como una gata, lentamente, cariñosa me aproximo, poso mis labios sobre tu boca y tapo lentamente tus ojos con mis manos, dirigiendo tus pasos, despacito y directos a la sorpresa y al llegar, la emoción te invade y sobre mi cuerpo desnudo un gran caudal de besos.

Tranquilamente me acerco a la mesa, cojo las copas de vino, destapo la botella y sirvo el vino, lo tomas con tus manos y acaricias con tu boca la copa, como en un sueño, lentamente voy desabrochando los botones de tu camisa, el vino derrama y las copas desesperadas, caen al suelo, ahora te espera, el más sencillo de los postres.
El deseo es imparable, entre besos y caricias, te susurro al oído mis mejores fantasías, me acaricias con tu boca, como un volcán en erupción y la piel arde más, pero no tenemos prisa, la hoguera es ahora nuestra cómplice, quemándonos por dentro, saciando nuestras ganas, nos miramos, me sonríes, te sonrió, me llevas de la mano, y el vino, el vino simplemente, es nuestro testigo.

SENTIMIENTO PARA COMPARTIR

En el infinito laberinto del mundo,
una emoción nace dentro de mí,
te contemplo, me contemplas,
susurras al oído, deseos, misterio,
secretos de amores a gritos.

Caminas en busca de emociones,
mientras el mundo sean tus ojos
todos los senderos me llevan a ti,
bellas palabras, nueva sensación
habita en la eternidad de mi alma.

Pintas con caricias el lienzo del amor,
descubriste el sentido de los sueños,
suaves son tus caricias, de tu boca
brotaron sonidos que imaginaron
tus labios suaves, me das calor.

Yo te sigo en silencio, te sigo cautiva,
mares que presintieron tu presencia,
miradas que pretendieron poseerme,
has sido señalado, estaré en tus sueños
ofreciendo promesas y nuevos deseos

APARECE Y DESAPARECE

Desaparece, siempre está desapareciendo, los escritores la buscan con gran impaciencia; en una orilla tranquila, en un amanecer, en las notas de una melodía, en el olvido, ella es sabía y aparece con la sonoridad, cuando el olvido se esfuma y los fantasmas de tu voz crearán una ilusión sobre ilusiones, penas, sobre la pared de una habitación perdida, quizás en la memoria ahora irreconciliable con el mundo, allí, entre paréntesis estabas, estabas allí esperando y sin embargo, como la música improvisada del viento, te colabas por los resquicios, para que te echáramos de menos.

Es amiga de pobres y ricos; poco continente para tanto contenido, poca forma para tanta desmesura, amiga de pordioseros e indigentes, y de innobles dirigentes, camuflados

Algunos oyeron hablar de ella, las mujeres tomaron el mando de lo que muchos no comprendían, pero no todos, sin embargo, entendieron la complejidad de su oficio, la línea de lo que desaparecía y envolviera sus vidas, nuestras vidas, paisajes lejanos, vidas que comienzan, telas de araña, desenmarañando gran variedad de sentimientos, desasosiego para darle un destino inseguro.

Hoy desciframos los códigos de la memoria, podemos hacer lo imaginable, la clave es el olvido, una madre, cuidará de sus hijos, toda la vida, una madre desautorizada y sin sentimientos, arrojara sus hijos a una muerte segura, y los que sobreviven a este infierno, se recrean en deleitarse con la pasión.

Pasión y palabra, el corazón lavó, todo lo que sentía y por un momento, la esperanza de una vida mejor, llegará a nuestro mundo, envuelto en tanta falsedad e hipocresía, el mundo seguirá donde está, dando vueltas continuas, volteando aleatoriamente como para desdecirse quien dijo: Ni una ni otra se relacionan por más que la literatura mítica del lenguaje diga lo contrario.

¿Somos lo que nos creemos?, quien te ha dado el derecho de juzgar de falsear, ser el hueso una y dos veces y a favor de la abolición de la identidad, el corazón lavado, sigue su camino, pero no era el mismo hueso y la carne se deshizo, se pudrió el tiempo, él se encarga de todo, la carroña se encarga de comerse lo que ya no sirve.

Poeta, amiga, amante, madre y esposa, soy la suma de una misma mujer pero mis sentimientos, viven dentro de mí, nunca la voz pudo dar cuenta de lo que vale, de lo que dije, de lo que sentí

OBSERVO

Me siento hoy analizar,
con mucha atención,
camino, experiencias,
detalles observo, luces
que alumbran el infinito,
camino despacio,
me fijo dónde piso,
y a quien molesto,
trato de acariciar,
me alejo, sobrevivo,
todos mis sueños
se van cumpliendo
andando, me observan,
mi vida estudian.

Todo pasa, todo queda,
escucho y no respondo
la maldad de la gente,
nada concreto,
la vida que tengo
seguirá tranquila.
llena de felicidad
de mucha armonía,
mi caminar lento
en mi silencio.
Vuelvo a recordar
sigo de frente,
para no estar ausente
de mis amores presentes
y tener un futuro valiente

Tenemos que luchar
pues la vida es pasajera,
y descubrir la paz
y la agonía por compañera
de nuestras almas
de mi alma, de mi entrega.

CALLADA Y TRAVIESA

Callada, como una niña dormida,
puedo estimular solo con un ruido,
cuando menos esperas, atrevida ,
caliente, traviesa , te beso fornido .

Te veo y te lo digo, entre gemidos
te ríes, grito lentamente, atrevida
voy tomando posesiones. atraídos
te nombre en fantasías. Divertida.

Deseo estar a tu lado, vale la pena,
a un paso no me doy por vencida,
una vida entera se me hizo eterna,
desde aquel momento fui seducida

Eres mi único motivo, eres mi vida,
te busco, no importa cuánto tiempo.
Yo, amor, yo no me doy por vencida.

Señal del destino, no me canso bastante,
mi corazón como un ciclón impacientado,
te amo, te quiero y deseo en todo instante.

SOY

Soy como el día que emerge,
sensible, delicado y radiante,
descubrirlo me embriaga.

Soy esperanza ante las penas.
seducida por los ojos del amor
que me anima y me conmueve.

Soy como la pasión en calma,
deseos que surgen con gusto,
a veces tormentosa.

Soy como la calma que respiro,
dócil, tenue y ardiente,
el ocaso por la mañana.

Soy como la oscuridad, a veces
me refugio y me amparo en ella
si estoy triste y afligida

Soy tantas cosas.

SUEÑO

Sueño, que soñaba contigo,
cada día a todas horas
en la gran hoguera de mi soledad,
jugueteaban las llamas,
en la tarde apacible,
detrás de la ventana caía la nieve.
Sobre la alfombra quieta, una fantasía,
cobraba vida.
Arrodillada te veo me miras,
alto hermoso, sublime,
junto a la ventana de mi corazón,
apretado a mi alma.
Te he visto venerado por estrellas lejanas,
azorado, con la nostalgia de mi propia soledad.

Necesito quererte
y entregarme hasta quedar exhausta,
¡Qué bien es sentirte siempre, quiero amarte!
De pronto, calor y sudor,
el deseo me quema en el alma,
el amor me impacienta,
 me inquieta, el hechizo traspasa.

Eres mi príncipe de los cuentos de hadas,
mi caballero andante,
moreno con escudo de plata.
Quiero amarte con un amor sin pausa,
sin prisa con un amor,
que no se acaba, como aman los Dioses.

CADA TARDE

Todas las tardes al caer el sol, paseaba una ancianita acompañada de su soledad, su cara era dulce, en su camino se encontraba con un viejo acordeonista entonando canciones de amor.
Los recuerdos se entremezclaban y empezaba a danzar cual bailarinas en una cajita de música, siempre la misma melodía, siempre la misma canción.
Junto a la ventana, se podía distinguir dos jóvenes estudiando, de vez en cuando paraban para prestar atención a lo que ocurría en la calle. Se asomaban los dos, se miraban y continuaban con su labor, estudiar.
La rutina continuaba en la esquina, la gente deambulaba sin prestar atención a lo que sucedía en su ciudad, eran muchas las preocupaciones que cada uno llevaba consigo.
Este gran acordeonista, no amaba ni se inspira en realidad, tan solo era un poeta, un amigo de las letras. Con esto pretendía burlarse de ellas, de las palabras que un día tanto daño le causaron.
Se burlaba de cada alma, porque el destino le jugó una mala pasada, solo le quedaba esperar a la mujer que un día le rompió su corazón.
Pasaba el tiempo sin piedad, por aquella calle seguía paseando todos los días una ancianita con su cara dulce y su mirada perdida.
Pero hay algo que faltaba, ya no es igual que años atrás, ya no está el viejo acordeonista, una tarde se puso enfermo y no le dio tiempo de llegar al hospital, cuando estaba agonizando, solo pronunciaba un nombre.
—María, María, María tiene miedo a la soledad, quién le hará compañía si yo me marcho.
Ese mismo día falleció.
Todas las tardes al caer el sol, paseaba una ancianita acompañada de su soledad, en su cara se puede distinguir una gran pena, en su camino ya no se encontraba con un viejo acordeonista entonando canciones de amor.
La anciana, hacía el mismo recorrido todo el día. Cada día se acercaba a la ventana, con la esperanza de encontrarse al viejo acordeonista, pero sabía en el fondo que no pasaría.

Son muchos años de amor en silencio, son muchos años compartiendo esos cinco minutos en compañía de la persona que ella más quería.

Cuando la anciana llegaba a su casa, dormía y lloraba de tristeza, porque no era capaz de amar de verdad.

Pero una tarde, sin que se diera cuenta, la anciana se quedó dormida y el viejo acordeonista apareció despertándola con un beso.

—Buenos días maría, vengo a que pasemos toda la eternidad juntos, si así tú lo deseas.

El rostro de la anciana se iluminó de tal manera, que su rostro empezó a cambiar y transformar en una bellísima joven, al anciano le pasó lo mismo.

Le cogió de la mano y lentamente desaparecieron cogidos de la mano.

Solo se dieron cuenta unos pocos de la ausencia de la anciana. Aquella pareja que estudiaba y que todos los días se asomaban para contemplar la calle y ver pasear a la gente. Pero ese día, los jóvenes al cerrar la ventana comprendieron que algo había pasado, no sabían exactamente qué.

El acordeonista y su amor prohibido, se unieron por fin para el resto de los siglos, se burlaron de los que los quisieron desunir.

Ahora tranquilamente, en su universo, seguirá obsequiándola con las románticas canciones para aliviar un poco su alma.

Lo malo se olvida, el corazón no engaña
Viendo a su chica con su repertorio y su acordeón.

LA LUNA

La luna; amiga de mis sentimientos,
dueña y señora de noches eternas,
mensajera de mis pensamientos,
soledades , noches, que son tiernas.

Confidente y espía de emociones,
de mis alegrías, tristezas y enojos,
con el solo brillo de tus ilusiones,
lecho, bálsamo de eternos antojos

Delatora de todos mis secretos,
coqueta y juguetona contempla,
vigía de sueños y pensamientos.

Luna, guardiana por las noches
de los sueños del mundo entero,
vagas por el paraíso sin reproches.

UNA VIDA MISERABLE

Eran ya las primeras horas de una mañana radiante, Carlos no tardaría en llegar a recoger algunos objetos que se había dejado antes de irse de aquella casa, había subido para recuperar sus cosas personales, aquella noche, no tuvo más remedio que marcharse del que hasta ese instante era su hogar, esa mañana, había salido de trabajar y conservaba las llaves, tenía ganas de descansar un poco y poder dar una cabezada, no podía aguantar ni un minuto más.

Abrió la puerta con mucho cuidado, una ojeada alrededor, estaba todo revuelto, los pantalones sucios de Laura hechos un ovillo en un rincón, qué mujer más desordenada, pensó, pero no se le ocurrió empezar a recoger un poco la casa ¡qué asco! Unas compresas manchadas de sangre, las bolsas de basura acumuladas en la terraza, restos de comida en la cocina, esparcidos por los muebles, desperdicios, se sentó cansado.

En ese momento se abrió la puerta y entró Laura con un vestido sucio y descuidado, tengo que limpiar todo esto, ya lo haré cuando tenga ganas. Sin inmutarse de lo más mínimo, Laura vio al que hasta hace unos días había sido su marido, pero ya no era el hombre que ella había conocido, era una persona sin personalidad y no tenía el suficiente carácter.

Me parece que exageras un pelín, te has abandonado mucho y lo que tienes que hacer es preocuparte por tu estado de ánimo, las cosas a veces se complican añadió irónico Carlos
Tu hija no colabora con las faenas de la casa y me he declarado en huelga indefinida respondió Laura cansada
A Carlos le entró la risa.
Conozco a mi hija perfectamente replicó con firmeza Carlos, mi hija es una chica considerada.
Quizás eso sea lo que piensas, pero en realidad no la conoces para nada, no la conoce nadie, la gente tiene un concepto muy equivocado de ella, puede que conozcan a la mujer soñadora, a la mujer romántica, a la mujer que se desvive por los demás, pero en realidad solo piensa en ella y es muy egoísta.

Hacía mucho tiempo que no se llevaban bien entre ellos, donde un día hubo mucho amor y pasión, este se apagó, dejando en su lugar un enorme odio, no eran afines y lo que existió entre ellos desapareció hace mucho tiempo.

Miró a su alrededor, aparentemente Carlos estaba tranquilo, pero en su interior le hervía la sangre, no soportaba aquella mujer a la que un día entrego su vida y toda su ilusión, de pronto, Carlos, advirtió.

Laura ¿ dónde están los cuadros que mi madre te regaló por navidad?

¿Qué..., qué... ?balbuceó Laura e improvisó Eh, vinieron los primos y se interesaron por ellos, se los dejé prestados por unos días ¿Sabes que tu madre los quiere mucho? Laura le miró horrorizada, pero inmediatamente reaccionó y fingió abrochar los botones de los puños de su blusa.

De pronto se abrió la puerta de la entrada y entró su hija.

¡Papá!, exclamó, ¿qué quieres, papa? No tienes ni idea de lo aburrido que es pasar los días encerrada en esta casa sin nada que hacer.

Hija mía, tienes que echar una mano a tu madre, ella te lo va a agradecer.

La hija mostró aquella sonrisa burlona de satisfacción que Carlos conocía muy bien, aquella sonrisa que su hija lucía cuando había conseguido algo placentero o largamente deseado o simplemente cuando sabía que estaba consiguiendo molestar a la que la había dado la vida, el gesto de satisfacción, su madre... ¡NO!

Sin responderle Carlos se acercó a Laura quizás olvidando que por muy bajo que callera, no podía caer aún más.

Mamá, ¿tú y papa?, ¿no? ¿verdad?

¡Ay por dios!, no digas estupideces , jajajaja, por favor, antes me corto las venas que volver con tu padre, qué cosas me preguntas.

Pero... ¿no?

Carlos recogió sus pocas cosas y poco después las dos mujeres se preparaban para abandonar su hogar y regresar a la calle, su casa.

Carlos recuperaba la exclusividad de su vida, pero se dijo que, siendo sincero y a pesar de los problemas, la experiencia no había estado tan mal. Sin duda era mejor seguir solo que con Laura. no es que no la echara en falta, pero...
Al marcharse, Carlos le revolvió el pelo de su hija ella fingió enfadarse, la llamó mocosa y acabaron los dos sonriendo abiertamente, las cosas eran muy raras últimamente, pensó Carlos.

Más raro le pareció aún que Laura se acercara para despedirse, ésta se inclinó para dejarse besar.

Ha sido un placer verte por mi casa, Laura le dedicó una sonrisa irónica , su hija le guiñó un ojo a escondidas.
Carlos, respondió, con mucha dignidad, una frase ambigua que iba directamente dedicada a su hija —El placer ha sido mío, cariño.
En ese instante Carlos se dio cuenta que la muchacha que estaba enfrente era ya una mujer, era su hija. Algo bueno habían hecho, y despacio salió de aquella casa, dejando su pasado encerrado en aquellas paredes.
Ya no volvería a visitar esa casa, esa misma noche un fuego arraso todo el lugar.

EL ARTE Y LA NATURALEZA

La mariposa descubre,
la bella flor coquetona,
amistad y ternura cubre,
tomada por una dona.

Presumía la mariposa,
con su bella margarita,
divertida y muy curiosa,
siempre eterna figurita.

Mil versos son para ti,
cariño y conocimiento,
seducida curiosa asistí,
esmero es su alimento.

El arte y la naturaleza,
están tan enamorados,
atraen aroma y belleza,
pasean ambos casados

EL POEMA SE HIZO PALABRA

El poema se hizo palabra,
utopías, letras coloridas,
el trabajo se cuida, se labra,
seducidas recorren unidas.

Existe, está viva en mi mente,
en otros mundos suficientes,
no sólo de cuerpo presente,
reconocimientos recientes.

Sentir es lo más importante,
estar al tanto es lo que cuenta,
cual paso a paso el caminante,
va probando su travesía lenta.

Trabajar no exime al prójimo
de caer en algún trompazo,
con paso amargo, aproximo
a la vida el enorme zarpazo.

Nuestra vida es un trayecto
y al pasado no hay regreso,
hay que tener un proyecto,
sin duda vendrá un progreso.

Aprender de la experiencia
es la ciencia del progreso.
Hacer caso a la conciencia,
Cada paso no es de regreso.

BUENAS NOCHES MI AMOR

—Buenas noches mi amor, suspiraba, diciéndote al oído mientras te acariciaba.

—te quiero me dices me susurras, con tu voz envolvente y melosa

Palabras suaves sinceras y traviesas, crean un ambiente, agradable sólo con dos palabras, un segundo maravilloso, momento Indestructible, historia de la vida, que te gustaría que fueran eternas, deseos de atrapar, pero tan poderosas siempre, palabras que resuenan en mí cada instante, gozando de cada momento.

— ¿Cómo olvidarse de ese momento?

De repente te acercas lentamente sin yo verte por detrás, mientras bebo mecánicamente, un vaso de agua con cara tonta esa cara que se te queda cuando te quedas dormida en el tresillo huelo, tu aroma te siento, tan tuyo, alteras mis sentidos nunca dormidos y después de mi dormitar ahora despiertan gratamente, trato por un momento de resistirme pues una parte de mí insiste en defenderme de mi anulación automática de la decisión, de ese irremediable despertar quiero que me envuelvas con tu calor, que me regales los colores, y con un susurro de amor me eleves a ese mundo indescriptible que embelesa.

Despreocupadamente retiré el pelo de la mejilla, te guiñé un ojo.

No hay posibilidad del no, la sangre se acelera, el sudor empieza a resbalar, a cubrir nuestros cuerpos, no existe voluntad, ni quiero que exista, caigo en tu fascinación, comenzando a prender intensamente el volcán interno sin medida ni conciencia

—Te quiero, me abrazaste, me di la vuelta te miré, para afianzar tu realidad, te cogí de las manos, te quería capturar en mis retinas, tu corazón sonaba como un tambor loco, me pertenecías, ahora eras mío, me devolviste la esperanza de una vida.

Entonces subí tu mano hasta mi boca y la bese, disfrutamos y cuando el cansancio, nos vino a visitar, me tomaste de la cintura con tus manos esas que tantas veces transportaron al séptimo cielo.

Despacio poco a poco nos acariciamos, comprobando que todo seguía en su sitio, adorando cada parte en un tiempo récord, sin prisas, no importaba nada, dimos rienda suelta a nuestra imaginación, la noche se unía con el día, sí, te estuve esperando muchos años y había que celebrarlo de alguna manera, todo mientras seguías mirándome sin dejar de moverte, hipnotizado otra vez mi voluntad que tampoco se resistía, más bien lo justo, no quería que pensarás que era una chica fácil.

Mi cuerpo, cobraba vida, pero según caían las horas el deseo se transformó, y allí pintando los acordes con nuestros cuerpos, sin permisos ni recatos, quemaste esos labios y toda entera, con todo tu arte sensual.

Abrimos nuestros ojos que sólo se cerraron en un intento de evasión, ni tu ni yo, deseábamos que terminara esta noche, sin embargo, la noche hacía tiempo que nos había abandonado

Rebeldes nos perdimos en el ritmo de la música y poco a poco, nos recatamos nos ubicamos tras nuestro reconocimiento, el día nacía y vencedores surtamos los mares de la vida, escenas más prohibidas, pudieron surgir por meses, por años, escenario, simbiosis de música y pasiones, suavemente sentimos nuestros aromas, recorrimos nuestro cuerpo dibujando nuestras figuras, nuestras manos, fue inevitable, la luna picarona pareciese iluminar, pero que hacía que por eso nuestro baile fuese en escena el más artísticamente acorde

Nuestros sentidos giraban una y otra vez, entonces las luces se hicieron más intensas nuestro encuentro fue sellado, por un amor como el nuestro.

Esa noche, fuimos protagonistas de una gran escena, ese nuestro gran segundo, que paré en ese instante y que cambió nuestras vidas en ese instante.

Cada noche tú y yo nos encontramos en ese pacto de visita a la inconsciencia consciente.
Fue cuando yo volví a renacer, sin apartar ni un segundo esos tus lindos ojos de mí, admirándome con esos puntos oscuros negros clavados, enamorados, esa mirada que me traspasaba y yo me perdía, ante ese tu poder, me mirabas como nadie lo hizo nunca, fijamente, jamás en la vida surgirá un amor así.

Han pasado unos cuantos años y seguimos bailando, fuimos, somos y seremos los maestros del contoneo, del entendimiento sin oratorias, me embelesas de felicidad armónica, que hizo que esa tarde de junio te encontrará, nos encontráramos.

Hacía tiempo que rondaba una idea por mi cabeza, no hizo falta la imaginación en ocasiones se desborda, en otras la polilla se amontona en los rincones de mis ilusiones, un mundo extraordinario va naciendo entre renglones y renglones, las palabras cobran vida, entonces la mente vuela en busca de pensamientos, pues cuando pienso me acerco al encuentro de nuestras almas, mientras surge ese especial regalo y poco a poco nos concede a cada uno de nosotros este regalo tan especial...

EL CAMINO DE LA VIDA

Observo mi caminar pesado, cansada,
voy paso a paso sin descanso.
Como si lo sintiera de la misma manera,
se dibuja la vida en un solo sentir.

Una verdad que a veces es difícil de aceptar,
o quizás sea algo muy natural.
Miro en mi entorno ya no hay tanto asombro,
sigo mi camino buscando algo de ti.

Entendí que no soy la misma todos los días,
creo que nada está en su lugar.
Los sueños crecen, los ojos siento empañados,
sentimientos y cosas vuelven a surgir.

Te hacen recapacitar cuales son las soluciones,
pero me vas mostrando mi realidad.
Basta solo un momento, basta un silencio,
en cada paso descubrirte lentamente.

De aquellos que te enfrentan con la vida,
parecen simples filosofías.
Quiero descansar y tengo los zapatos rotos,
pero sé que aun así, no puedo parar.

NOCHE DE HALLOWEEN

Los espíritus por la noche,
miedo en el cuerpo dan,
celebran a trote y moche,
gastando las bromas van.

Por la noche la casa estará
entre vampiros y muertos.
Baile de embrujos, elegirá
regreso a casa de tuertos.

Es noche y llegan saltando
la luna y el mes de octubre,
calaveras vienen danzando,
su ropaje de vampiro, cubre.

Por Halloween ofrecemos
dulces y comida, su pasión.
Espectros y brujas seremos,
provocando mucha atención.

TE AMO

Mis ropas me quito ardientemente
para hacer más sensible mis sentidos,
para sentir tus caricias lentamente,
tus versos y tus besos consentidos.

Cada día que pasa, más te amo,
quiero sentir tus arrojos diversos
rodear con tus brazos y exclamo,
soñar en las rosas de tus versos.

Quiero que me sientas, locamente,
me pidas más cariño, más pasión.
Te des cuenta mi amor mansamente,
a tu lado voy a entregarte el corazón.

Te amo como nunca, es lo que importa,
horas, minutos, segundos pasan.
Dejemos que la noche se haga corta,
con roces de caricias, que traspasan.

HOY TENGO GANAS DE TI

Hoy sacié mis ganas de ti,
hoy me vestí de noche
corriendo, te descubrí, fui.

Estabas muy convencido,
querías tocarme y entrar,
y así es como sucedió.

Me coloqué frente a ti,
lento, despacio, a poco,
uno a uno, los botones
de mi blusa
empezaron a caer.

Mi blusa rendida cayó,
mi cuerpo un escalofrió,
tus ganas aumentaron.

Mi pantalón lentamente
comenzó a deslizarse
descubriendo mis muslos.

Mi deseo aumenta,
oigo tu respiración,
se acelera cada vez más.

Jugando casi desnudos,
tan sólo unas prendas
te alejan de tus ansiosas,
y del monte del placer.

La noche te dejó paladear
lo que tanto anhelabas,
fue cuando tus ganas saltaron,
me poseíste y nos amamos
hasta el amanecer.

El mundo no existía,

el deseo fue calmando,
relajados al fin.

Contestos nos dejamos
caer entre las sábanas,
sin fuerzas por puro placer.

CADA SEGUNDO

Revive cada segundo feliz,
los surcos que tus dedos
van dejando, iluminando senderos
de fuego por el deseo.

Seguro que tu cuerpo relajado
busca entre mis manos curiosas,
sabores exóticos, dulces y salados,
de aquel instante que arde y prende.

Entonces se harán eternos los gemidos
tú entrega, mi entrega, mis latidos
aún tienen ciertos matices del delirio,
largo refugio de la piel, el uno en el otro
enhebrando sueños una y otra vez.

SOY POETISA

Soy poetisa por vocación,
porque escribo de mis cosas,
lo que va diciendo el corazón.

Soy poetisa por aflicción ,
Ilusiones y entusiasmo,
me lo dice el corazón.

Soy poetisa por anhelos ,
creo en los sentimientos,
emprendemos, altos vuelos

Soy poetisa por entrega ,
a nada grandioso aspiro,
el verso perfecto juega.

Soy poetisa por amistad ,
La verdadera razón, sentir
transmitir me toca, gritad

Soy poetisa por amor
de mi marido, mis hijos
mis padres, su clamor.

SOY COMO LA NOCHE

Soy como la noche, a veces me amparo en ella si estoy triste, dicen que la búsqueda del silencio es un proceso interior que conduce a los seres hacia la luz y la paz, el silencio, todo lo calma, el músculo duerme, la pasión descansa y la verdadera comprensión de las cosas, se sumerge en este mundo de incomprensión.

Noche tranquila, te buscas, te encuentras, la música nos lleva, tu alma y tu ser están en paz. cerca de ti, cerca de las estrellas, no se escuchan ruidos, las personas son puntos que se mueven, entras en un estado emocional perfecto:

Yo y mi morada, me encuentro tranquila en una playa, las olas me susurran al oído historias hermosas, me relaja escuchar el susurro de las olas, en una playa estoy, estoy en la orilla, es mi hogar, con una música suave de fondo, las cortinas de mis ventanales juegan con el viento y miro las luces en una noche diáfana, más cerca de la calma, más cerca de mí misma.

Tranquilamente comienza amanecer, la noche se despide y allí estaba la mañana, invitando a disfrutar, de todo lo que nos regala, de esos pequeños detalles, que no nos percatamos y que en circunstancias extremas les damos más importancia, pequeños momentos, instantes que se dan la mano la cordura y la locura ¿quién se preocupa por ti, cuando estas y no estás? Me gusta pasear, echo de menos, mis paseos, a mi interior, estoy cansada y a veces, sin fuerzas, cuando siento que todo se acaba, resurge esa fuerza, este nervio.

En la vida, hay situaciones que no nos permiten pasear por la senda de la alegría, misteriosa, confundida entre los caminos a veces, intento agradar, ese no es mi camino me preocupa, intento ofrecer lo que tengo, no quiero más, que nadie me vea como lo que no soy, intentan confundirme, soy como soy, cuando me atacan, sufro, retorno cara al sol, retomar fuerzas y volver a levantarme, sí a veces hasta las personas más optimistas (entre las cuales me incluyo) nos sentimos un poco desalentadas por todo lo que pasa en nuestro viaje por la vida.

De improviso y de sopetón un gran ruido invade mi tranquilidad, agudizó mi oído, parece una moto de gran cilindrada, el estruendo no para sino que se va acercando cada vez más, mi nerviosismo va en aumento, no lo puedo evitar, me asomo por la ventana pudiendo comprobar que no se trata de una moto sino de la cortadora de césped de mi casa, en un momento me condujo a la cruda realidad.

En la vida vamos a encontrar de todo, gente buena o gente que dice que te estima y no es verdad y muy a pesar de que hayas sido leal, no lo serán contigo, no soy de hierro, tengo sentimientos soy madre, mujer, esposa, escritora, ante todo soy persona.

LOS POEMAS MÁS HERMOSOS

Los poemas más hermosos, carecen de rima, carecen de lógica, germina en ellos la vida, me sumerjo noche y día, su contacto nos llena, nos adormecen, nos acunan, podría quedarme así toda la noche, extasiándome con leves dosis y mientras pasear mi imaginación y colmar de ternura momentos.

De repente surge un sueño, alguien lo escucha y pregunta su porqué entonces, en ese preciso instante le miramos y le contestamos que no ha sido nada más que un suspiro.

Los sueños son poemas sin letra, caricias, contactos, ternura, besos y caricias que se dan con los labios, en el borde de la boca, sin llegar a tocarlos, te recuerdan la hermosura de sentirse querido, poco cuesta en las horas de angustia o de alegría, cada simple movimiento, mis sueños llegan hasta lo más hondo de mí, ese es el lenguaje de las caricias.

Nadie puede borrar una caricia, se esconde en cada rincón de nuestro interior, cierra los ojos y siente tu corazón para poder sentirla, porque a nadie pertenece, es igual que cuando lees un poema, no importa lo que pensara su autor, cada uno al leerlo lo interpretamos a nuestra manera, cada poema vuelve a escribirse cada vez que es leído, se alimenta de las emociones que provoca, las lágrimas, los suspiros, los estremecimientos son su sabia, reverdece cada vez que unos ojos se pasean por sus líneas, una luz se enciende, el resplandor nos ilumina y sólo nosotros sabemos el porqué.

MI DULCE CABALLERO

Mi dulce caballero, regalo del cielo,
distinguido alimento de mi fatiga
con tu palabra das aliento, sin celo
me consuelas, has logrado que siga.

Me diste una forma nueva de amar,
en los momentos difíciles has estado.
He sentido mi corazón latir y aclamar
eres el bálsamo, a mi vida has llegado.

Cómo un caballero a mí me liberaste,
voz que extiende sus brazos y respirar.
cantar, soñar, llegaste y me rescataste
dulce caballero no me dejes de mirar.

Tú voz acaricia mi alma, sentí un día
la necesidad de cariño, me hizo clamar
mil razones me diste, pedacito de savia,
te cruzaste caballero andante, para amar.

LA CALLE DE LA NOSTALGIA

Paseando por la calle de la nostalgia,
mis tristezas concurren en mi cielo,
mi alma nada contra corriente, acogía
el océano gris, ingrato sin consuelo.

Todo lo perpetuo se abrirá a mi paso,
llaman rimas a mi puerta sin sentido,
días suaves, mi aliento vibra, traspaso
un ruido grande, sin sentido se ha oído.

Como contar o nombrar sentimientos,
anhelo de querer decir lo inexplicable,
latidos del alma, segundos, momentos,
espíritu de un golpe casual acumulable.

Espejo de esperanzas y sueños, de días
aferrados a la vida vivida sin quererlo.
Aquellos llegan a tu vida sin envidias,
y convencida sentiré mañana, perderlo.

Con lobos traté de lidiar, aprendí a aullar,
sin destino mi rumbo me cuesta asimilar,
períodos reposados, añoranza de arrullar,
silencios, memorias, engaños muy similar.

EN EL DESVÁN

En el desván de mi frágil corazón,
un rinconcito existe muy personal,
numerosas historias hay sin razón,
tierna ilusión de un alma pasional.

En mi desván, coloco sentimientos,
sueños, una expresión interminable,
hay buena base y buenos cimientos,
en este rincón del alma, inigualable.

En mi soledad anoto, cierro los ojos,
te veo, aunque no estás, te presiento,
calmada abrazo mi destino sin enojos,
el lugar en donde los sueños siento.

Retando la soledad, el tiempo persiste,
momentos que suaviza, todo es posible,
sueño con tus brazos, lucha que insiste ,
dulce visión , siempre fuere compasible.

EL OTOÑO HA LLEGADO

El otoño ha llegado lentamente,
avanza el tiempo, en el silencio,
pasan senderos, lento y tu mirada
se detiene en el cielo de mis deseos.

Dorados destellos iluminan tu
caminar y sólo abrazo mis
anhelos, espero que te quedes
en mi cielo.

Levanté la mirada en mi
madrugada, tu voz me decía
que me amabas y te entregué
el alma sin palabras.

QUIERO UN MUNDO MEJOR

Me gusta mirar las estrellas,
viajar a la luna en globo quisiera,
allá van mis pensamientos, muy arriba,
que mis palabras vuelen lejos,
para que el mundo me pueda escuchar.

Mis palabras, vuelan hacía el espacio,
Arriba, para que lleguen muy alto,
más allá del maravilloso cielo.
Donde nadie ha llegado, ni llegará,
que terminen los odios que reine la paz.

Quiero un mundo sin despotismos,
herir y maltratos, para mofarse,
la tierra, es un lugar mal repartido,
racismo, odio, permanente dolor,
un mundo así no quiere mi destino.

Quiero alzar mi voz desde este lugar,
para que puedas sentir mis palabras
Y poco a poco se conviertan todas ellas,
en la vida donde tal vez algún día,
lleguen a buen terreno para cultivar.

Unámonos todos juntos aquí en armonía,
para crear un grandioso destino final,
tratar de vencer la angustiosa rutina.
La vida es una lucha constante tenemos
que cambiar, es un buen día para empezar.

HOY ME ACERCO A TU ALMA

Hoy me acerco a tu alma en el espejo de tus ojos, con las manos blancas de pájaros, te siento en el más puro e intenso amor, la mirada por el cielo corriendo, quiero sentir tu boca, boca que ha sido mi más firme y fiel deseo, una leve llovizna entre mis labios, encuentran mis caricias hacen que yo sea tu más ferviente realidad.

Sueño que mis labios irán directos a tú voz me suena a música divina, te amo mi dulce realidad eres deseo en la que simplemente caigo rendida.

He recogido el sol en los tejados, acompañarte en tus fantasías es mi deseo y una nube ligera acompañarnos para poder escaparnos con ella, dime mi amor por fin estamos unidos
tú eres el lugar donde mi vida empezó y será donde nunca termine, porque eres ese amor que no pienso dejar escapar.

¿DÓNDE TE ENCUENTRAS?

Siento, que mis musas me han abandonado, intento escribir pero los mundos mágicos se quedaron dormidos, me invento historias, mientras espero tu regreso.
¿Dónde te encuentras inspiración?

En esta espera, cuando siento que muero para no sufrir, guardas silencio, mis versos se quedaron agazapados a la espera de un sueño, una canción, donde siempre me puedo refugiar, en un poema o en ese rincón del corazón, que vive de recuerdos, cierro mis ojos y aunque me cuesta caminar, siento tus manos que parecen calmando un poco este momento que me hacen ver lejos está nostalgia.

Cómo añoro las tardes en qué acudías a mi llamada tantas historias compartida te siento lejos, me encuentro abandonada, no puedo estar sin ti.
Te busco, sueño con tus brazos, pero solo el silencio me abraza y en soledad amanezco, duermo esperando tu regreso
Pronto estarás en mi puerta diciendo
"Estoy aquí..."

HE DECIDIDO

He decidido mirarme frente al espejo,
hacer girar la frágil rueda del corazón.
Partir lejos de mi soledad sin complejo,
parar el tiempo, en cada sonido sin razón

He decidido andar la orilla de mi soledad,
convenciendo he decidido, romper, quemar
una a una mis penas, hacer trapos sin piedad,
tirarme, saltarme los peligros, más allá remar.

He decidido anular los malos sentimientos,
hasta que no quede ninguno por las calles,
compartir nuestro amor, tus pensamientos,
pasear por la orilla de la mano y no te calles.

He decidido expulsar de mi alma las nostalgias,
sentarme tranquila en la arena, mientras volvía
repleta de sol, con alocadas fantasías, contagias
aromas a tierra y poder refrescarme con la lluvia

CUANDO LOS AMANTES

Cuando los amantes se aman la noche se viste de magia, hoy tengo unas ganas tremendas de mirarte a los ojos, en espejo se convierte la luna y en llamas las ansias, el cielo detiene su marcha hundir mis labios dentro de tu sonrisa, abrazarte y el universo en que los amantes se aman.

Hoy tengo ganas de decirte todo lo que callo y callar todo lo que digo pareciera que callo, en el preciso momento, dejarte meterte en mis sueños en mi calma, en mi vida, en mi cama y hacer de cada deseo tuyo, de cada promesa mía, una realidad tangible.

Ya no soñemos más, te espero en el portal de mis verdades.
Amarte hasta que entrada la noche nos quedemos dormidos.
Comencemos a volar, en ese estado alfa que se mezcla con suspiros que sólo el amor alcanza.

PUEDE SER

El edén que yo quería planté,
de tenerlo, ya no hubo intento,
al edén de los sentidos canté,
cuando sentí el chiflo del viento.

Un sentir animó en el momento,
mis ojos sólo veían, mi nariz olía,
creando en el tiempo, e intento,
creyéndome perdida sentía, oía.

Que todos sin querer miraban
cómo mi piel, todo lo aceptaba,
mi estilo unidos lo rechazaban,
infinitas emociones, te admiraba.

Diosa que al viento regala, morada
Natural, por la tarde se conceden
Alma y piel, fantástica almohada,
infinito placer nacerá de un edén.

MARIPOSAS FUGACES

Mariposas fugaces vuelan como los años,
gota a gota, nos bebemos la vida,
sembrada de ilusiones, esperanzas y amores,
como vino añejado, con el paso de los años,
trago a trago bebemos, amargo, dulce,
pasa el tiempo con sus recuerdos dormidos.

La copa de la vida, cruel, divina, a veces
injusta. llevándose anhelos y sueños,
aves de colores que no tienen dueños.
acumulando sin darnos cuenta nostalgias,
recuerdos que quedan, tristezas que matan.

Suspiros que viajan mezclados con el viento
llevando alegrías y muchos lamentos
los años pasan con muchos aromas.
y en el calendario vamos restando
años, nuestras sienes se transforman.

Pasan los días, los meses y los años,
pasa la vida, como agua que corre por el río,
vamos caminando, despacio, deprisa.
a veces abajo, a veces arriba,
y ese dichoso tic ,tac, dominador
del tiempo, va corriendo el minutero.

PALABRAS

Hay días en que me siento gran poeta,
pliegos escritos, sin lógica entre líneas
mis letras gritan desnudas, viajo coqueta,
en silencio se tejen, palabras espontaneas

Aparezco de la nada en otra dimensión
el dobladillo sobrehilar, un par de trazos
al oído susurrar el silencio ¡que ilusión!
Surgen las letras que ataviamos con lazos.

Palabras con mimos que no se perdieron,
Escribir, lo que siento, es sencillo, al amor.
Tus besos cada vez que repaso encendieron
me abrazas con pasión, recordaré con ardor.

Cuando en nuestros tiempos declamo letras,
gritar al viento, silencio por la orilla, caminar.
Repaso, días, tiempo, horas, minutos, penetras
busco, disipo, me asomo, resurjo para culminar.

SUEÑO UN POCO MÁS

Mis recuerdos se rompieron,
marioneta de hilos cortados,
nadie me conoce, advirtieron,
encuentro de recuerdos atados.

Como robinsón, sigo buscando,
esquina que mi ser, mi piel ansía.
restos de uñas, de comas cortando,
cada aire del día, para mi es poesía.

Sólo tú dejarás la gran puerta abierta,
gritaría tan fuerte, quererte quisiera,
deseo un poco buscar tu piel experta,
tu amor en la esquina, tu voz abriera.

ESPEJO DE ESPERANZAS

Espejo de esperanzas, que muerden el mundo y lo paran, aromas sutiles, pétalos de rosas inundan el ambiente, avanzando en el aire de tu mirada, cuando se posan aromas de pieles desnudas, un sueño de labios sobre el vientre, de labios vagabundos, se encuentran en medio de la soledad para abrir tu alma al cielo, estoy aquí, recordándote cada razón para reír, noches, horas y segundos nos dice estás vivo, la pasión que lo colma todo y sueños del corazón donde veo tu rostro.

Amor sonriente, feliz, palabra con tantos significados, amaneceres y atardeceres de ensueño, de ilusión, poetas, compositores, cantantes, persiguen la inspiración flotando en el aire, el amor de unas bellas palabras, con la sola intención de intentar explicar lo inexplicable, al ponerle nombres a los latidos fuertes del corazón.

Cuando dos corazones en un encuentro fortuito nos golpean la vida y nos enseña a vivir alegres y coloridos pétalos de rosas en el aire y siento su aroma.

OBSERVO

Me siento hoy analizar,
con mucha atención,
camino, experiencias,
detalles observo, luces
que alumbran el infinito,
camino despacio,
me fijo dónde piso,
y a quien molesto,
trato de acariciar,
me alejo, sobrevivo,
todos mis sueños
se van cumpliendo
andando, me observan,
mi vida estudian.

Todo pasa, todo queda,
escucho y no respondo
la maldad de la gente,
nada concreto,
la vida que tengo
seguirá tranquila.
llena de felicidad
de mucha armonía,
mi caminar lento
en mi silencio.
Vuelvo a recordar
sigo de frente,
para no estar ausente
de mis amores presentes
y tener un futuro valiente

Tenemos que luchar
pues la vida es pasajera,
y descubrir la paz
y la agonía por compañera
de nuestras almas
de mi alma, de mi entrega

ME GUSTA

Me gusta observarte,
llenar mi cabeza de fantasías,
jugar con tu pasión,
entrar por todas partes
quedarme allí, en tu interior.

Me gusta buscarte,
cubrir tu cuerpo con el mío,
cubriendo de caricias tu piel
describiendo tu excitación,
disfrutar, contigo hasta morir.

Me gusta adorarte,
permitirle a mis ojos contemplar,
la magia de tus caminos, caminar
para provocar el deseo,
bañada de ternura y pasión.

LA VIDA

La vida, es una disputa constante,
unas veces nos mantenemos a flote,
otras, caminamos a la deriva.

Compartir nuestros pensamientos,
nuestros sentimientos ,
forman parte de vivir nuestra vida.

Los días pasan, como números,
como un monótono calendario.
reloj sumiso de una mano negra.

Envueltos en la dulzura, lentamente,
como el alma que camina en la noche,
aun así, nos aferramos a la vida.

Acariciarla y amarla hasta el final,
caminar junto a nuestros amigos,
abrazados de amores acompañan.

Existen momentos para recordarlos,
pequeños tiempos de ardor y ternura,
de amistad, de excitación, de calma.

Cada uno de vosotros sois una vida única,
una vivencia intransferible, una enseñanza
con un baúl interior lleno de tesoros.

MOMENTOS

Miro la suave y bella ondulación,
la magnitud de la belleza flexible,
y el mágico y bello sueño del amor,
la unidad inunda el conjunto,
y se entrecruza, en la profundidad
de la montaña parcelada de colores.

El cielo se acopla en su encuentro,
momentos en que el alba se siente,
me escuchas con asombro,
participo de su belleza mirándola.

Me reconcilio en ella subiendo,
tú me percibes y te enredas
en el uno, en el dos y en el infinito,
en la montaña sosegada de colores.

LO ESENCIAL ES INVISIBLE A LOS OJOS

La habitación está iluminada solo por la luna. me gusta sentir la brisa de la noche en tu rostro encendido, imagino tantas cosas, estoy a tu lado, mientras poso mis labios sobre los tuyos y recorro con mis dedos las líneas de tu cara, duermes.
La noche estrellada está ansiosa esperando en silencio, un encuentro inolvidable en todo el universo.

Mis labios disfrutan el momento, el deseo incontenible de besar tus labios despacito suavemente, poso mis labios para que no despiertes, abres los ojos que parecen dos estrellas que brillan en el horizonte, me estremezco y tú lo percibes.
Ha llegado el momento de entregarnos completamente, el instante en que serás mío y seré tuya, en cuerpo y alma.

Lentamente transcurre la noche y amanece, llevándose la luz de la luna que ha sido cómplice y apareciendo los primeros rayos del sol.

En tu rostro, se refleja la serenidad de tu alma, estás tranquilo, te siento tan mío, tan vulnerable a mis besos y caricias , entonces me recuesto sobre tu pecho desnudo, estás a mi lado, te beso una vez más, entonces recuerdo.

AMÁNDOTE LOCAMENTE, COMPRENDO

Amándote locamente, comprendo,
mi cuerpo, solo quiere sentir tu calor,
mi corazón grita al viento, te amo
a cada palmo veo gaviotas volando.

Eres el universo de mis días,
te siento, con un beso húmedo
mi alma cruza al paraíso
y se une con la tuya en lo terrenal.

Estas cerca, muy cerca, te necesito
siento tu respiración, te aceleras
mi cuerpo desnudo, piel con piel
nuestro cuerpo encadenado

Tus manos se deslizan, traviesas
recorren cada palmo, de mí ser
yo juguetona te busco, me rio
quiero sentirte y te quiero tener.

Mirándote a los ojos te confieso,
eres mi vida, te quiero, dulce amor
mi corazón te ama con locura
me entrego a ti, sin censura.

EL AMOR

Eres como flor adornando un paisaje,
reservada, única y particular, flor fina
delicada, bella flor llamativa, sin igual
sencilla pero no por ello menos bella.

Eres como una mariposa, de colores
estas aquí para hacer un lugar mejor
con tu sonrisa , con tus palabras,
con tu actuar, tú ternura y calidez
quien soy yo, soy solamente amor.

CARTA A MI HIJO POR SUS 7 AÑOS

Mi querido hijo José Manuel:

Hoy hijo mío cumples 7 años, hoy te escribo estas líneas para saludarte y contarte lo mucho que te queremos, hoy me pongo a pensar en el tiempo transcurrido. ¡Cómo han pasado los años!, ¿verdad? Parece que fue ayer, después de pasarme cerca de tres meses en el hospital entre la vida y la muerte y con 29 semanas viste la luz, un kilo escaso pesaste, cuando te vi nacer y observar tu cara tan chiquitita, me quedé un poco más tranquila, nos esperaba un año de lucha, pero con nuestras ganas de vivir, superamos una prueba muy difícil y ya transcurrieron siete años de aquel dichoso momento. Eres ya todo un hombrecito, con todo un mundo por delante.

Pero debes saber que estás pasando por la etapa más hermosa de la vida, estás descubriendo muchas cosas nuevas, has aprendido a leer, estás descubriendo, lo interesante que puede ser la lectura de un libro, en describir con tus letras lo que ves y en el día de mi cumpleaños me regalaste una tarjeta preciosa con una bonita dedicatoria, vas descubriendo lo que pone por la calle en los carteles, tu cuerpo crece, tus actitudes cambian, tu mente cambia, tu manera de pensar y de ver las cosas, cambia todos los días. Y ello me obliga a recordarte que disfrutes de cada momento, pero que tienes que ser responsable en todos tus actos, tienes que dar ejemplo a tus hermanos, eres un ejemplo para ellos y eres su capitán.

Los niños a tu edad sois generalmente traviesos, me encanta tu vitalidad y las ganas de jugar, arrastras a tus hermanos a jugar, tienes que prepararte y estudiar con ahínco, ser perseverante, superarte y llegar a ser el profesional que aspiras, manteniendo la humildad como un valor importante que te acompañe en cada acto de tu vida.

No permitas nunca que te avasallen pero sé tolerante a la vez, porque no eres el dueño de la verdad absoluta hay que saber escuchar es una virtud, te darás cuenta que aprenderás muchas cosas escuchando, hay que saber comprender las actitudes de los demás, porque también es importante, de lo contrario te convertirías en un pesado, exigente y antipático.

¿Te acuerdas de Spiderman cuando aparecía como el salvador de todos? ¿Recuerdas cuando raudamente con su tela de araña en un vuelo supersónico, se hacía presente en el momento que más le necesitaban y luego desaparecía, sin esperar su recompensa? Estas escenas que imitas tan bien en casa disfrazado de este personaje y que en muchas ocasiones pones en práctica, es el momento de empezar a marcar tu camino con verdaderos valores que te van a servir de guía en tu vida futura. La responsabilidad, la puntualidad, la justicia e igualdad, el culto a la verdad, etc.

Estoy segura de que harás todo lo posible para que siga sintiéndome orgullosa de ti, como el primer día, cuando tus pulmones se llenaron de aire y emitiste el primer llanto que me hizo llorar de emoción y entonces un milagro se produjo, nadie daba nada por nuestras vidas y míranos, gracias a Dios estamos los dos, yo un poco más mayor y tu cielo mío, descubriendo la vida.
No olvides jamás que te quiero y siempre serás mi niño.

Se despide tu madre que te quiere mucho

Muchos besos

26 de Enero 2010
Mª del pilar Remartínez Cereceda

ES INVIERNO

Es invierno, un soplo para amar,
escribir pasiones una tarde fría,
un verso, un reglón, poder jugar,
miro tu cuerpo loco, no te dejaría.

Es invierno, tú y yo, lo mejor,
respirar el aire que huele a ti,
mirarte sin resistir, sin pudor,
tenerte cerquita y dentro de mí.

Es invierno, el viento delicioso,
nubes traviesas incitan pasiones,
invierno para seducirte, hermoso
sentimiento y buscar mil razones.

Es invierno, jugar a escondernos,
huir de la rutina y confesar todo,
el mejor momento para querernos,
amarnos y cazarte del mejor modo.

Es invierno, callada te sigo cautiva,
miro tu boca, busco tus emociones,
sueños, caricias, te entrego emotiva,
siempre seré refugio de sensaciones

HOY QUIERO DECIROS QUE ME VOY

Hoy quiero deciros que me voy, quiero desaparecer y volar entre nubes de algodón, me gustaría observar y ver el mundo desde las alturas ,amando hasta no poder más, llevando la brisa por compañera y sentir sobre mi rostro el aire y sintiendo el bello sentimiento que me grita que aún estoy viva y que puedo amar con la misma intensidad que cualquier ser humano.

Puedo sentir mi corazón palpitar cuando pienso tan solo, el alma resurge con fuerza con todo mi ser el derecho de vivir, el anhelo de estar contigo cogerte en mis brazos hace que mi cuerpo se estremezca, porque yo estoy aquí porque ya nací y así siento, lo más maravilloso e inmenso y profundo y sin fin solo un intermedio donde solo existimos.

QUIERO AMANECER JUNTO A TI

Quiero amanecer junto a ti,
te busco cada día de nuevo,
para amarte y poder usurpar
tu boca sedienta de besos.

Mi cuerpo vuelve a temblar
cuando amarrado al tuyo,
pide cariño y caricias,
me excitas con halagos
de locura, de osadía.

Quieres estremecerme,
sembrar en mi cuerpo
el deseo escondido
alcanzar el máximo,
poseerme sin sosiego

Nadando en los placeres
me arrancas con tus dedos,
me torturas con su filo
cayendo ante tus ansias
mis pudores y mi angustia.

Buscas mis latidos y regresas,
como alma que va al sacrificio,
los dolores y gemidos
cuando llegas y te quedas
Y posees mis sentidos.

Postrado, extenuado y rendido
te quedas a mi lado
rebuscando lo posible
entre lo imposible vivido.

MUJER DE LOS PIES A LA CABEZA

Mujer de los pies a la cabeza ,
con sentimientos y gran alma
que siente, que disfruta
que derrama lágrimas,
anhela, respeta, se alegra
que idealiza, ama, respira,
que escribe poemas.

Mujer, sin disfraces,
de amante a ingenua
de corazón tierno,
se entrega ante la ternura,
que quiere, respeta y ama.
Sus sentimientos desnuda.
para amarte con su alma

Mujer que espera, mujer guerrera
que disfruta cuando estas cerca,
con defectos y virtudes
Mujer sin adornos, sin maquillaje,
coqueta , de los pies a la cabeza

EN EL INFINITO LABERINTO DEL MUNDO

En el infinito laberinto del mundo,
una emoción nace dentro de mí,
te contemplo, me contemplas,
susurras al oído, deseos, misterio,
secretos de amores a gritos.

Caminas en busca de emociones,
mientras el mundo sean tus ojos
todos los senderos me llevan a ti,
bellas palabras, nueva sensación
habita en la eternidad de mi alma.

Pintas con caricias el lienzo del amor,
descubriste el sentido de los sueños,
suaves son tus caricias, de tu boca
brotaron sonidos que imaginaron
tus labios suaves, me das calor.

Yo te sigo en silencio, te sigo cautiva,
mares que presintieron tu presencia,
miradas que pretendieron poseerme,
has sido señalado, estaré en tus sueños
ofreciendo promesas y nuevos deseos

LOS RECUERDOS

Enredados se han quedado sobre el colchón roto de la esperanza, entre las sabanas imaginarias, allí cobijados con el calor de nuestros cuerpos, allí enredados se quedaron, sola, me quedé sola con los ojos cerrados para no ver, que mientras me quedo en esta soledad sombría, ahora el silencio se apodera de mi garganta.
Te he buscado en la soledad de mi cuarto sin encontrarte, en la cocina también te busqué, sentada en el salón tranquila y hoy que no te busco, vienes, mas estoy tan desacostumbrada que no sé qué me pasa, anoche de nuevo te sentí en mí, sentí tu corazón latir cerca del mío, sentí tus caricias, mas no puedo verte ni tocarte, sentirte y darme cuenta que no estás allí.
Sé que en cualquier momento volverás, no tengo dudas, pero de nuevo me he quedado sola, sola con mis recuerdos y sobre todo, sin recuerdos....

ESTA NOCHE GANA EL AMOR

Esta noche gana el amor,
esta noche, la esperanza
nos viene a visitar
qué hermoso es amar.

Las rosas dormitan en el campo,
los grillos cantan en su honor,
rosas de terciopelo, comenzará
la luna a brillar, como nunca.

Iremos a las órdenes del alma
tu y yo complemento, el corazón,
en mi mirada ilusionada se descubre
mi sentir , detrás de tus ojos, mi suerte.

TENGO TANTAS ILUSIONES

He intentado reunir las palabras adecuadas, esta noche la melancolía ha venido a visitarme vestida de tristeza, dulce martirio que ensombrece mi noche. Aquí estoy entre cuatro paredes que me oprimen, cristales que no me dejan escuchar, nada pueden hacer por mí, un abrazo, una caricia, ni siquiera una sonrisa que me diga que todo va a estar bien.

Allí entonces iré, a la isla de mi soledad, el viaje es lento, me dejo llevar echando mi suerte a la marea, con la certeza de que tarde o temprano, llegaré a esta isla perdida, a esa isla donde de vez en cuando termino viviendo y nadie me escuchará, estoy cansada de luchar, mi alma está cansada, está ahogada en un llanto que no parece ver el final.

Tengo tantas ilusiones, tantos sueños.

CAMINA CANSADO

Su rostro fatigoso
lleno de arrugas,
su alma , vieja,
sueños infantiles.

Sus ojos callados,
vidas marchan y llegan,
universos se chocan
cansado, triste.

Siente amores
desconocidos, fugaces,
lo ven pasar y no le miran
les devuelve, una sonrisa
amable, o un llanto amargo.

Ve momentos pasados,
recuerdos expectantes
no se detiene, ellos olvidan,
acorralara el camino,
su viaje eterno.
Es él, su destino.

EN MI BOCA AÚN PERDURA

Me dormí pensando en ti
y dejé la puerta entornada.
El susurro de tus palabras,
un mar de caricias,
un contacto casi eléctrico
palpitante, cálido, desarmado.
el gemido de nuestros cuerpos.

Entre dormida y despierta,
olí tu aroma, sentí tus pasos,
que se dirigían hacia mí.
Percibí que se abría la puerta,
intenté abrir mis ojos,
pero con mi cansancio
fue en vano.

Te acercabas te agitabas
al sentir que te resbalabas,
las sabanas me resguardaban,
mi palpitar casi entrecortado,
mi respiración aumentado,
calmando el deseo y excitación,
Como un suave calor y ardor.

Mis manos y las tuyas enredadas,
siento el sudor de nuestras pieles,
irresistibles sensaciones y suspiros
tu cuerpo se adueña de mi cuerpo,
del sabor de tus besos, ¡Que delicia!,
indicando el momento más intenso.

HAGAMOS EL AMOR CON MUCHO TACTO

Hagamos el amor con mucho tacto,
tus labios toquen mi ser,
necesito sentir tu ternura, tus besos,
tu pasión tocaré erguida,
disfrutaremos de nuestros cuerpos
con nuestras miradas.

Desistir, dilatar este abrazo,
cercarte solo un momento,
toma mi mano, la sientes,
ha sido un pequeño roce,
puedo darte un apretón,
con mi susurro al oído.

Como el tacto que al recorrernos,
al mirarnos, rozando con las pupilas
la suave aura de la silueta deseada.
Deja que tus dedos toquen mi piel,
tus caricias son más que palabras,
placer, sudor recorren mi cuerpo.

Con mi deseo tu ternura,
con mis labios recorrer,
hasta obtener tu excitación.
Ven, tócame, mi deseo tocarás.
Con tu placer ven, te tocaré,
tentación invencible de nuestros sexos.
quiero hacerte una proposición

Hagamos el amor pero con tacto

EL CUERPO DE TU DESEO

Cuerpos gimiendo,
abrasan de pasión,
manos temblorosas
conducen, lentamente,
al camino de tu sonrisa,
abierto, húmedo, oloroso

Colmados, satisfechos.
Gemidos, sentimientos,
entre sombras, se dibuja
el rojo del calor
de unas manos
que se buscan.

Intenso a intenso,
gotas de sudor,
queda la flor,
agotada de tanto
pasión.

DESEARÍA

Desearía que la libertad me tomara por la cintura y el amanecer nos rodeara de fantasías, despertar con la candidez de un beso, sentir tu mano suave y tibia susurrándome en mi oído todas tus travesuras.

Desearía que un día me raptes, esperar con paciente melancolía a que tu mirada de hechizo navegue por mi cuerpo, cual velero sin rumbo en el mar me lleves lejos aún sin sacar pasajes.

Desearía que la libertad me bese, en el infinito de mis sueños, eso quiero, cierro mis ojos y te veo, y te abrazo, y te beso, y te siento cerca de mis huesos, en cada golpe del corazón ponga su aliento en mí y me haga volar por los aires.

Desearía Aquí en este instante el arrullo interminable de tu mirada, ternura de tus labios, vid llena de sarmientos destilando la bebida perfecta que pudiera al fin atraparme.

Desearía escribirte una larga historia, porque mis manos ya son pluma, y tu cuerpo se convirtió en papel redactar ese cuento una y otra vez, un día de disfraces todo sea locura pasear por un parque de diversiones subir a una montaña rusa, tirarme por un tobogán a las arenas de la irracionalidad.

UNA LÁGRIMA

Una lágrima es muy vergonzosa bajo los pensamientos se esconde bajo los rincones de melancolías, vamos recorriendo suspiros entre paisajes otoñales, gotas de lluvia, escondida en un fragor de soledades.

Es una pregunta sin respuesta o una respuesta silenciosa a una pregunta no formulada, es libre y recorre cada palmo de nuestros secretos llenando el universo con su halo de misterio en forma de interrogación.

Una lágrima es un golpe que sangra y cuya herida no cicatriza, ahí te queda, porque las heridas del corazón tardan en curarse, se desliza como sangre en las venas, como agua salada en la tierra de falsos perdones, de esos que no se olvidan.

Una lágrima va sembrando, consuelo en desiertos contemplando semillas del pasado, susurra gritando paraísos perdidos tinieblas que no nos dejan distinguir la belleza del paisaje, hasta que despeje cualquier duda, ofrece su mano en la marea de la distancia, suplicando, buscando otra mano que la estreche y le dé el calor necesario para vivir.

Una lágrima es un mensaje en una botella que navega sin rumbo, recorre la sonrisa desnuda del amanecer y se refleja cual espejo del mar cuando por fin sonríes, descubrir sentimientos y emociones que nacen siempre lejos, muy lejos de los ojos...

MI JARDÍN MURIÓ

Quise escuchar tu voz,
Mas en algún lugar
de otro hogar te encontrarás
¿Será que algún día,
me conformare con la nada?
Hasta hoy he podido,
más estoy cansada
con tus desaires,
por más que lo intento,
no puedo luchar contra el vacío.

Adiós vanidoso narciso
irónico como absurdo,
te sentía alejado, ahora no te siento.
Vi morir ese "amor" lo fuiste matando
Lentamente, no puedo decir siquiera
que se quedaría a mi lado.

Mi jardín murió, la llama
de este amor se apagó,
se ha apagó, no puedo
encender esa pasión, agonizante,
mentiras, que ya no tienen sentido
siempre intuí tu gran falsedad,
mi corazón me lo decía.
conformarse con la nada
es estúpido
vacíos se quedaran,
tan vacíos,
como llenos de nada.

EL TIEMPO PASA

Hay noches que no duermo y no por hipotecas vencidas, cuánto pesa el silencio me doy cuenta que no avanzan las horas en el reloj, soy esclava de su tic-tac, soy presa del insomnio por mis ideas, mis miedos y dudas clavadas como puñales en las tapias apócrifas del sueño llegan los minutos, los eternos minutos, como ortigas colgados del brocal de mi conciencia, vaciando mi nombre, en el fondo del pozo reflejando los espectros de mis rostros fingidos, sabiamente fingidos, de las risas reídas a destiempo, de los días mentidos.

En zig-zag miles de siluetas se burlan agolpadas de palabras desposeídas y mi fe deshabitada.

Una a una, desnuda, despiadada, desde cualquier distancia, desde un tiempo, ahí desfilan siluetas, lentamente arrastrando temores, se hicieron dueño, desde un valle sin dioses, sin árboles y sin flores más allá de las acciones mis huidas, mi baúl de promesas disecadas, mi voz, y el destino, que nos mira a todos con el mismo desinterés.

Podría creer que nada es peor, me hieren, me golpean el alma, es entonces cuando viene con la lluvia salpicando tu recuerdo, hijas nacidas del deshielo, en la oscuridad de una cueva de enjambre de avispas presa, goterones de momentos no vividos, como de acciones y detalles omitidos.
Me afligen los minutos que no pasan miro a mi alrededor, callejuelas estrechas solitarias y sin luces.

El tiempo pasa he aprendido a vivir con el silencio en esas noches que no duermo.

QUISIERA

Deseo, que tus brazos me envolvieran
como la noche envuelve a la luna
tus besos me enloquezcan de pasión
que tus manos me recorran una a una

Espero, que tus piernas firmemente
penetrando tu sentir en un respiro
y se aferren en mi piel serenamente
solo tú, el amor, nuestro suspiro

Quisiera nuevamente que tu fuego
del amor caricia quiero instigarte
dócilmente te persigo y despliego
donde estés amor y allí adorarte

POR TÚ AUSENCIA

Siempre encontré lugar en medio de mis rotas ilusiones, pero ahora ellas no dejaron lugar para mí y mis realidades, no quisiera cerrar mi interior, a cal y canto, voy buscando la respuesta a todas mis dudas, ahora que sé que perteneces a mi vida, no, "no es tarde" solo déjame mostrarme, hay tanto que tengo para darte, no quisiera olvidar, como cambia todo, ahora que lo sé.
Si supieras todo lo que siento en este momento dejarías de creer que no te Amo.

No quiero quedarme enamorada con mi pena, pero, quiero que me ames tanto.
Te deje ir, solo porque deseo, que seas tú el que quiera regresar.

Ven a mi vida, no me hagas vivirla sin ti, te necesito junto a mí, no puedo esconderme me has dejado muy triste con tu ausencia, es imposible escapar de ella.

Nunca imagine que esto fuera tan fuerte, y me duele saber que fui yo quien lo hecho todo a perder, sé que piensas que no lo sé, y es precisamente eso lo que hace más inaguantable este dolor.

No puedo olvidarte, porque simplemente ya eras parte de mí, no es que no me pregunte qué es lo que hice mal y porque actué de esta forma, sabiendo que tú me querías y tú querías pasar la vida a mi lado, siempre estuvo en mí, y solo era que no te había conocido,
"pero ahora ", no estás junto a mí.
No voy a dejar de prepararme, para ser cada día mejor, a tus ojos, solo quiero que seas tú el que anhele volver.
Pasa el tiempo, son ya tantos segundos, tantos minutos, tantos meses y en algún momento serán años, no sé si encerrarme en mi dolor o abrir mis alas he ir volando, a buscarte o en busca de un lugar donde pueda ser más llevadero vivir sin ti.

Aquí en la oscuridad te espero pues siempre he estado aquí, no seas una estrella fugaz, conviértete en mi sol, y quédate conmigo, no puedo romper esta separación, no es algo que dependa de mí, sí aun me amas, vuelve mi sol.

Todo comenzará de nuevo, te acepto con lo bueno y también con lo malo, después de todo,
yo también te he lastimado, solo entiende, no quería amar un sueño, sino a una realidad y ella está llena de defectos y cualidades así que vuelve "mi realidad"... Te quiero, te necesito aquí.

ME GUSTARÍA

Me gustaría estar a tu lado
haciéndote a ti compañía
cada instante de mi vida.

Me gustaría poder probar
tus labios la miel absorber
día y noche sin ningún final

Me gustaría entregarte mi vida
formando contigo la leyenda
una sola vida y un solo ser.

Me gustaría poder susurrarte
lo que me hace sentir viva
cuando siento tu presencia

Me gustaría sentir el latido
cada vez de tu corazón
Decirte bajito te amo

Me gustaría gritar al viento
que eres para mí el aire
que eres mi vida entera.

TENEMOS LA CAPACIDAD DE ELEGIR

En realidad, las cosas no muestran nada; son las personas quienes mirando hacia las cosas, descubren la manera de penetrar en el Alma del Mundo.
Paulo Coelho

Tenemos la capacidad de elegir en la vida, somos seres racionales, tenemos la capacidad de pensar, tenemos la capacidad de elegir, podemos optar por una opción o por otra, estamos eligiendo continuamente, porque estamos vivos y tenemos y se nos dio ese poder, el poder de pensar y analizar. La fruta cómo por ejemplo una pera es diferente de la manzana, como cada cual tiene lo suyo, cada una tiene sus beneficios y son totalmente distintas.

Una más roja, más verde, más redonda u ovalada. Las hay más jugosas, más secas, pero cuando uno está en una frutería, tiene el poder de elegir peras o manzanas, puede tomar las dos, pero siempre terminará por comerse una primera, porque es imposible comerse las dos a la vez.

Es por eso que no significa que una sea mejor o peor que la otra. Son totalmente distintas, nos podemos fijar en su brillo, en su aroma, sus formas, colores, texturas y sabores.

La diferencia de elección no sólo radica en la fruta, sino que cada uno de nosotros, podemos escoger una de la otra. Ni la pera está bien, ni la manzana está mal.

El ser humano es igual, cada uno tiene sus propias virtudes y sus defectos, compararnos, por lo tanto, elegimos y ahí también está nuestro mayor defecto, nos quedamos en la superficie, no tenemos interés en ir más allá porque no nos interesa y de ahí vienen luego los desengaños....yo pensé que era esto, o que era de esta forma, es la forma más rápida de aniquilar nuestra alma, ir en búsqueda de lo que nos falta, de lo que el otro tiene, somos lo que hemos querido ser, somos lo que nos hemos atrevido a ser.

Ni somos tan buenos ni somos tan malos, la diferencia de las frutas y los seres humanos, es que la manzana no decide ser más roja o más redonda o más dulce. Nosotros sí tunemos la capacidad y la oportunidad de elegir, transformarnos, crecer, potencializar nuestras cualidades, no para que los demás estén contentos, sino para que nosotros estemos conformes con lo que somos

    Nosotros no somos ni peras ni manzanas, somos Personas

VOZ INTERIOR

No importa donde estés,
ni lo que digan que debes hacer.
Siempre que tengas una duda,
descansa un momento
Y escucha tu voz interior.

No te apresures en tu camino,
ni sigas los pasos de otros.
Siéntate, descansa un momento
y escucha tu voz interior,
que busca y guía el mejor consejo
Que puedes escuchar.
Trae pureza a tus sentimientos,
te da la libertad, de ser realmente
la persona que quieres ser.
Todas las respuestas que tu buscas
Las tienes encerradas en tú...

"VOZ INTERIOR"

BIOGRAFÍA

Mª Del Pila Remartínez Cereceda nació un invierno, el 9 de enero de no recuerdo que año, está entrando en esa edad que en vez de cumplir se des cumple.

El ser hija única la ha marcado mucho, una parte de su familia es muy religiosa, se ha criado en la fe católica, el primo hermano de su abuela fue el arzobispo Casimiro Morcillo, el sacerdote que bautizó al príncipe de España Don Felipe de Borbón.

Sin embargo, se crió con la familia de su padre, maravillosos como familia pero cuando hablaba de letras con ellos, era meterse en otro mundo.

Tenía muchos primos ,se crio en ese sentido en plan chicazo y cuando empezó la adolescencia y desinteresarse de las cosas de chicos, comenzó a encerrarse en su mundo interior, siempre le había gustado la lectura, por mediación de ella y por medio de la imaginación, vivía grandes historias de amor, con 13 y 15 años le dio por leer a Corín Tellado, —¡era fantástico aquel mundo!—pensaba muchas veces, podía suplantar a la protagonista de las historias. Sus padres nunca la comprendieron y sus amigos empezaron a darle la espalda, no comprendían su comportamiento. Terminó los estudios básicos con una nota normal, Bien fue su calificación y comenzó a estudiar secretariado y azafata de congresos, por aquella época, tenía la necesidad de aprender mucho.

Obtuvo unos cuantos diplomas en secretariado y terminó trabajando estos años en una oficina de trabajo temporal, descubriendo lo miserable que es la vida.

Sí, fueron unos años malos para Pilar, dos relaciones sentimentales tortuosas terminaron de arruinar la poca estima que tenía, finalmente y en un arresto de dignidad decidió romper con todo e iniciar una nueva vida, este vez la fortuna le sonrió y conoció a la persona que le inculcó confianza en sí misma, ganó una seguridad que nunca tuvo y la convirtió en la Pilar que todos conocemos.

Qué es la literatura para Pilar? La literatura es una forma de vida, es la suma de todo, no concibe su vida sin ella, cada día nuevos enfoques y nuevas voces surgen, hay tanta riqueza en el vocabulario, cada instante, crece y se regenera de sus propias cenizas y el amor, le hace expresarse, mejor, por eso es sencillo adivinar su estado de ánimo, me siento muy bien escribiendo y describiendo él amor y a la alegría, también cuando estoy triste, es una forma de exteriorizar, mi tristeza, sentimientos al fin al cabo son, que se pueden expresar de tantas formas, tenemos que estar orgullosos y de verdad que ahora sí que lo estoy.

Cuando era pequeña, lo veía como una desgracia esta necesidad de poder expresar mis sentimientos, a través de las letras, me sentía fuera de lugar, hoy por fin he encontrado mi lugar, es difícil moverte por un sitio a los que consideras que son tus amigos y no te comprendan y encima se burlen y te saquen motes no le gustaba nada de lo que a ti te gustaba, te ven como un bicho raro, tengo que agradecer a mis maestros, ellos, me apoyaron, luche contra amistades y la indiferencia de la familia, que hoy en día tienen la misma mentalidad...

A mí no me gusta leer, esa es su respuesta.

No le ven ninguna utilidad

Una de mis pasiones es escribir, escribo mis sentimientos, desde que tuve uso de razón me ha gustado mucho escribir grandes historias, fantásticas y ponerme en la piel de sus heroínas, grandes escritores, siempre han estado en mi biblioteca:

Calderón de la Barca, Antonio Machado, Quevedo, Lope de Vega, Miguel Hernández, Pablo Neruda, Cesar Vallejo, Juan Ramón Jiménez, León Felipe.

De los destacados y otros más humildes, han ido configurando mi educación ahora es cuando soy consciente y me veo capacitada, de poder aportar, mis sentimientos, es bonito que puedas dejar tus legados.

Hubo una temporada, la denominada edad del pavo me dio por leer a Corín Tellado, muchos sueños frustrados en esa edad

He de reconocer que me gustaba leerla, no lo he vuelto hacer, mi marido me dice muchas veces, que los libros que nos impactaron de niños los deberíamos leer otra vez para valorarlos ahora, con nuestra mentalidad

Yo a nada grandioso aspiro, siempre me enseñaron que hay que ser humilde, aprenderemos muchas cosas, en este lento caminar sólo quiero ser digna de los que me enseñaron el verdadero valor, hay que madurar, para comprender, que en eso estamos.

Compartir mil cosas, hubo un momento de mi vida, que no me sentía capacitada, me sentía un estorbo, un bicho raro.

Soy una mujer viva y llena de sentimientos, rompí con todo el pasado, para volver a surgir de mis cenizas, llenar mis sentimientos, de amor y llenar mi vida de aquellas pequeñas cosas.

Tengo muchos sueños

A veces me pregunto por qué escribo y para quien, no es necesario esperar, no necesito escribir para nadie, escribo para mí, hay tantas palabras danzando en mi cabeza, en mi alma y hay mucho dentro, mucho.

Escribo, porque mis sentimientos en muchas ocasiones me lo impiden, que mejor memoria que las letras, que queda en algún lugar y que puede que un día alguien, ocasionalmente, alguien coja una de esas obras que en su día escribí, ser recordada, por lo que has dejado impreso, le interese.

Escribo porque siento mucho y necesito exteriorizar, lo que mi alma me dice, por un lado y mi corazón por el otro reclamo, escribo por no quedarme callada, hay tanto que contar y cuando envejezca a lo mejor ahí sabré contestar tantas dudas sin respuestas.

Escribo de noche, de día a todas las horas, cuando lo necesito, sin embargo, aun sabiendo que la vida es una bella casualidad, que hizo que un día cambiara mi vida, lo decidí yo, y ese cambio me ha servido a experimentar muchas cosas.

Escribo, mi vida, al amor, penas, he hablado tanto tiempo con el dolor, caminé de la mano con el silencio, sé que solo hablo del amor y me envuelvo en él, es mi vida, mi familia, no concibo mi vida, sin las personas a las que adoro

Ahora pensándolo y dando respuesta a ¿Por qué escribo?, me gusta, así que inútilmente pierdo el tiempo escribiendo y buscando razones escribo cosas sin sentido, buscándome cuando me pierdo entre mis ideas y me pregunto

¿Qué pretendo?

Poder escribir mil cosas bellas.

La verdadera y única historia de amor.

La mía

Bueno espero que con esta pequeña biografía me conozcas un poco mejor.

www.ingramcontent.com/pod-product-compliance
Lightning Source LLC
Chambersburg PA
CBHW031636160426
43196CB00006B/445